Licht tötet Schatten

Torben Zahradnicky

Licht tötet Schatten

Gedichte für Befreiung, Veränderung, ewiges Leben

löwen-
stern
verlag

Bibliografische Information der Deutschen Nationalbibliothek
Die Deutsche Nationalbibliothek verzeichnet diese Publikation in der Deutschen Nationalbibliografie; detaillierte bibliografische Daten sind im Internet über http://dnb.d-nb.de abrufbar.

Umschlaggestaltung Renate Wettach
unter Verwendung eines Bildes von Annike Peters.
Bilder im Hauptteil von Annike Peters und Indis Miriel Schmunk.
Bilder im Anhang von pixabay.com.

ISBN 978-3-945542-36-1 (Print)
E-ISBN 978-3-945542-37-8 (ePUB)

Frankfurt am Main 2019, 1. Auflage
Druck und Bindung: BoD – Books on Demand, Norderstedt

Verlag, Redaktion, Herstellung, Design & Layout:
Renate Wettach, LöwenStern Verlag,
Weckerlinstr. 4, 65929 Frankfurt am Main
Telefon: +49 152 34332590
E-Mail: geschaeftsfuehrung@loewenstern-verlag.de
Umsatzsteuer-Identifikationsnummer gemäß
§27a Umsatzsteuergesetz: DE291558368
www.loewenstern-verlag.de

Inhaltsverzeichnis

Bilderverzeichnis

Vorwort

Liebe Leserin, lieber Leser,

gerne möchte ich dich einladen in eine Welt von Licht und Schatten. Ich möchte dich einladen in eine Welt von Freude und Schmerz, in eine Welt von Liebe und Hass. Und vor allen Dingen möchte ich dich einladen in eine Welt, in der das Licht den Schatten tötet, in eine Welt, in der Hass in Liebe verwandelt wird, in der Trauer und Schmerz in Freude verwandelt wird. Ja, ich möchte dich einladen in das Leben selbst! Und wenn wir das Leben in seiner ganzen Tiefe betrachten, dann gibt es mehr als das, was wir mit dem natürlichen Auge sehen. Es gibt mehr als das, was vergänglich ist. Das Leben ist nämlich mehr – das Übernatürliche, ja das Ewige ist real! Die Ewigkeit ist nicht nur am Tag X, das Übernatürliche nicht unnahbar. Nein, vielmehr hat beides Auswirkungen auf das Hier und Jetzt. Ja, die sichtbare und die unsichtbare Welt werden mehr und mehr miteinander verschmelzen, wenn wir es zulassen. Dadurch werden positive Veränderungen im Hier und Jetzt sichtbar und spürbar.

Hass wird in Liebe verwandelt, Schmerz in Freude. Diese Veränderungen können wir für unser Leben herbeiführen. Mit einer ganzheitlichen Sichtweise können wir über das, was unsere momentane Realität darstellt, hinauswachsen. Unsere Perspektive wird sich vergrößern, unsere Träume werden sich vergrößern. Und was ist, wenn wir spüren, dass unsere Träume plötzlich zum Greifen nah sind? Sind wir bereit? Sind wir aber auch bereit auszuharren? Sind wir bereit, mit einem Traum „schwanger zu gehen“ und ihn in sehnlicher Erwartung zu hegen und zu pflegen, bis „die Geburt“ ansteht? Sehnsucht – ist sie nur ein Schmerz oder kann durch sie das Neue zum Leben erwachen?

Bei alledem ist es wichtig, die realen Gefühle zuzulassen. Schmerz soll nicht mit einer künstlichen Freude überspielt werden, Wut soll nicht mit einer gespielten Gleichgültigkeit unter den Teppich gekehrt werden. Wenn wir von einer ganzheitlichen Sicht, von echten Gefühlen, von Freude und Schmerz sprechen, wenn wir das Übernatürliche zulassen, dann ist es wichtig, dass wir so, wie wir sind, vor Gott (vor IHN), vor den Schöpfer treten, ohne Zwänge, und ihm sagen, was wir fühlen und denken! Falsche Vorstellungen von Spiritualität, Glaube und Kirche haben Menschen gelähmt und einer wirklichen Kraft beraubt. Damit ist jetzt Schluss!

Mit diesen Themen beschäftigt sich dieser Gedichtband und möchte Antworten geben. Optimiert wird dies durch wunderschöne Bilder von Annike Peters und Indis Miriel Schmunk. Ich danke den beiden Künstlerinnen recht herzlich für die Bereitstellung dieser Bilder.

Das Lyrische-Ich der Gedichte ist sehr unterschiedlich und bei jedem Gedicht neu zu bewerten. Hierbei bin nicht ich als Autor das Lyrische-Ich sondern die Person, welche die Hauptrolle des jeweiligen Gedichts spielt.

Ich möchte dich, liebe Leserin, lieber Leser, nun einladen, in diese Welt einzutauchen und auf Entdeckungsreise zu gehen.

Torben Zahradnicky
Oktober 2019

Sag ja zum Licht

Sag ja zum Licht
Zum neuen Leben
Noch weit entfernt
Doch es ruft nach dir

Sag ja zur Sonne
Zum Morgen danach
Nacht – du bist noch so kalt
Doch das Morgenrot wartet schon

Sag nein zu den Ketten
Zu den Fesseln und Knebeln
Freiheit – du bist so nah
Knechtschaft will nun besiegt werden

Sag nein zu der Blindheit
Rausch lass nun nach
Verschwinde du dreckige Lüge
Der Puppenspieler lacht, wenn er dich so sieht

Sag ja zum Kampf
Zum Kampf mit dir selbst
Dein lachendes Herz will sich dir zeigen
Bist du bereit es zu sehen?

Sag ja zum Sieg
Zum Sieg über die Knechtschaft
Sieg – er will dir gehören
Greife nun nach ihm – er ist so nah

Du sagtest ja
Zum neuen Leben
Es ist nun dein
Morgenrot – wie schön du scheinst

Du sagtest nein
Zu den Ketten, Fesseln und Knebeln
Rausch beendet bist du nun
Der Puppenspieler tot für dich
Machtlos, starr, gefroren liegt er da
Nein – dein Leben gehört ihm nicht mehr

Du sagtest ja,
Dein Leben gehört nun dir
Puppenspieler – erbärmliche Gestalt, wie du da liegst
Sollst du ihm die Hand reichen?
Nein – lass ihn liegen auf dem Boden
Es sprießen neue Pflanzen aus dem Boden
Bald wird er dort untergehn

Jahre in der Dunkelheit

Ich sehe dich wieder
Doch erkenn ich dich nicht
Willst du mich lieben oder hassen?
Sind wir Freunde oder Feinde?

Ich sehe dich wieder
Doch sind wir nicht in einer Welt
So viele Jahre habe ich gestanden in der Dunkelheit
Schickst du mich zurück dorthin?

Ich sehe dich wieder
Doch bist das wirklich du?
War es alles Wahrheit?
Oder war der Sonnenschein nur eine Lüge?

Ich sehe dich wieder
Doch der Kampf ist vorbei
Aus ist der Kampf um Liebe und Freundschaft
Dunkelheit ich komme
Warte auf mich
Verschling mich bitte ganz
Der Abgrund ist so tief

Tal der Tränen

Mein lieber Freund
Wirst du mit mir gehen?
Mich durch das Tal der Tränen begleiten?
Wirst du mich halten in diesen dunklen Tagen?

Mein lieber Freund
Wirst du halten meine Hand wenn ich den Weg nicht kenne?
Wirst du an mich glauben wenn ich nichts mehr glaube?
Bist du der eine?
Der eine der bleibt?

Mein lieber Freund
Ich lege meine Hoffnung auf dich
Gebe mein Sein in deine Hände
Lass mich nicht fallen in die Schlucht des Todes

So weit

Die Straßen durch die ich laufe nun sind dunkel
Es leuchtet hier kein Licht
Die Straßen durch die ich laufe nun sind leer
Sie werden nicht mit Leben erfüllt

Die Straßen durch die ich laufe nun
Sie waren einst meine Straßen
Die Stadt durch die ich laufe nun
Sie war einst meine Stadt

Die Stadt durch die ich laufe nun
Ich liebte sie
Die Stadt durch die ich laufe nun
Ich liebte das Leben in ihr

Die Stadt durch die ich laufe nun
Was ist mir ihr passiert?
Die Stadt durch die ich laufe nun
Du fehlst in ihr

Du bist nicht mehr in dieser Stadt

Herzen schlagen schnell

Herzen schlagen schnell
Herzen schlagen laut
Wie auch die Zeit
Schnell vergeht im lauten Klang
So viele Momente
Sie gehen einfach unter im lauten Klang
Schöner Moment
Schon wieder bist du vergangen
Wollte dich gerade halten

Herzen schlagen schnell
Herzen schlagen laut
So vieles fliegt dahin
Und geht dann doch vergessen
So viele Menschen gesehen
Und letztlich doch verloren

Herzen schlagen schnell
Herzen schlagen laut
So hab ich dich erblickt
Zogst mich hin in deine Nähe
Hab so viele Enttäuschungen erlebt
Kann ich diese vergessen?

Herzen schlagen schnell
Herzen schlagen laut
So gibst du mir wieder neue Wärme
Hast so viele Enttäuschungen erlebt
Kannst du diese vergessen?

Herzen schlagen schnell
Herzen schlagen laut
Wie auch die Zeit vergeht
So gehen Freundschaften oft dahin
Wirst du bleiben in dieser Zeit?
Können wir zusammen gehen durch diese Zeit?
Können wir uns Wärme geben in der Kälte?
Können wir uns Licht geben in der Dunkelheit?

Herzen schlagen schnell
Herzen schlagen laut
So viele Fragen bleiben bestehen
So viele Ängste dir etwas Falsches zu sagen
Will dich nicht enttäuschen
Dich nicht unter Druck setzen
Dich nicht verletzen

Können wir dies schaffen?

Verfestigung

Der Tag an dem wir unsere Freundschaft verfestigen
Welcher Tag wird es sein?
Wird es der Tag sein an dem wir neue Wege gehen?

Welche Wege werden es sein?
Werden sie steinig? Werden sie holprig?
Werden wir auf ihnen laufen können ohne zu fallen?

Welche Schmerzen werden entstehen wenn wir fallen?
Werden Wunden entstehen die ein Leben lang halten?
Werden uns Gefährten begegnen die unsere Verletzungen heilen
werden?

Wodurch kann nur Heilung entstehen?
Du kannst meine Wunden heilen
Doch werde ich keine bekommen wenn du meine Gefährtin bist

Der Tag an dem wir unsere Freundschaft verfestigen
Oh dieser wird kommen
Kann ein Tag sein an dem wir neue Wege vereint gehen

Vereint werden wir gehen über die Wege der Welt
Auch mögen diese steinig sein
Auch mögen wir fallen auf die Steine

Ziehe ich dich hoch wenn du am Boden liegst
Du auf den harten Steinen liegst
Ziehst du mich hoch wenn ich am Boden liege

Die Enden des Alls

Bist du bereit mit mir an die Enden des Alls zu reisen?
Bist du bereit mir alles zu zeigen?
Ihr weiten Welten – wie kann ich euch erfassen?
Bist du bereit mich auch im Dunkel nicht loszulassen?
Bist du bereit mich zu halten wenn ich fliege fernab jedes Sterns?
Bist du bereit mich in das dunkelste Tal zu begleiten?
Bist du bereit mit mir aufzustehen – wie Phönix aus der Asche?
Ist deine Liebe nur eine Lüge die mit dem Wind verweht?
Oder ist deine Liebe wirklich real in alle Ewigkeit?

Am Anfang der Lüge

Am Anfang der Lüge
Steht unser Haus in Flammen
Führen wir die Schwerter
Um uns im Krieg zu schlagen

Am Anfang der Lüge
Bluten unsere Wunden
Ist unsere Leidenschaft ein Feuer der Rache
Welches uns nicht überleben lässt

Am Anfang der Lüge
Gibt es kein Wir
Ist unsere Liebe längst erkaltet
Ohne Hoffnung neu zu blühen

Am Anfang der Lüge
Führe ich meinen Dolch namens Eifersucht
Er trifft dich mitten in dein Herz
Damit ich dich bluten seh‘

Am Anfang der Lüge
Ist dein Fall mein Sieg
Möchte ich dich brechen sehen
Damit du weinend vor mir liegst

Am Anfang der Lüge
Halte ich die Dunkelheit für Licht
Sehe ich die Lüge als Wahrheit an
Doch erkenne ich die Wahrheit nicht

Am Ende der Lüge
Komm ich wieder zu dir
Möchte das was war vergessen
Kann es nicht für immer vergehen?

Am Ende der Lüge
Werden wir wieder Eins
Dein Blut wird zum lebendigen Wasser
Welches aus deinem Inneren strömt

Am Ende der Lüge
Lieben wir uns wieder neu
Deine Tränen werden verwandelt zu Gold
Welches leuchtet in der Nacht

Am Ende der Lüge
Beginnt die Wahrheit
Zwei Herzen füreinander geschaffen
Haben den Krieg überwunden

Das schwarze Herz

Trauer

Es ist wieder so weit
Ich versinke in meiner Trauer
In meinem Schmerz
Es ist als sticht ein Dolch in mein Herz

Wo war ich all die Jahre?
Warum habe ich nichts getan?
So viele Jahre habe ich dich geliebt
Ich hatte meine Zeit, doch ich hab sie verpasst

Nun gingst du fort
Ohne ein Abschiedswort
Warum wolltest du nicht mehr leben?
Warum konnte dich nichts mehr halten?

Nun bleibt mir nur eins
Gestern habe ich es getan:
Das „ich liebe dich“ an deinem Grab

Hoffnung

Ich schaue tief in die Weiten der Nacht
Erblicke den Mond
Er scheint so hell
Gibt Hoffnung in der Dunkelheit

So viele Jahre bist du nun schon fort
Doch die Wärme kam in mein Leben
Hoffnung erfüllt mich

Eines Tages werde ich dich finden
Hinter dem Horizont werde ich dich suchen
Werde nicht aufgeben bis ich dich gefunden habe

Hinter dem Horizont werde ich dich in die Arme schließen
Werde ich dir sagen was ich für dich empfinde
Werde ich mit dir tanzen durch die Nacht
Und mit dir teilen die Ewigkeit

Doch meine Zeit ist noch nicht gekommen
Der Krieger ist erwacht
Komme täglich näher zu meinem wahren Ich
Bis ich eines Tages vor dir stehe geliebte Königin

Herz aus Glas

Herz aus Stein
Trifft Herz aus Glas
Lässt es zerbrechen in tausend Scherben

Herz aus Eis
Trifft Herz aus Feuer
Lässt die Flamme erlöschen

Mensch aus Glas
In dir schlägt das Herz aus Feuer
In dir schlägt das Herz aus Glas

Mensch aus Glas
Du bist ein offenes Buch
Lass deine Seiten nicht verbrennen

Wenn der Stein Feuer fängt

Zyklus Gezeiten

Paradiesischer Garten
EXIT

Ich betrete den Garten
Der gestern noch strahlte in seinem Glanze
In dem die Blumen blühten so farbenfroh
In dem die Vögel ihre Lieder sangen

Doch der Garten der sich mir nun zeigt ist nicht derselbe mehr
Die Blumen sind verwelkt
Es blühen keine roten Rosen mehr
Die Vögel sind noch da
Doch sie sind verstummt
Sie können nicht mehr singen

War der paradiesische Garten
In dem ich mich gestern noch befand
Ein Tagtraum nur?

War er nicht real?
War ich nie in ihm gewesen?
Werde ich ihn niemals wieder sehn?

Ich sehe den Garten vor mir
Er der gestern noch strahlte in seinem Glanze
Er ist ein toter Garten nun

Paradiesischer Garten
Ich verspüre Sehnsucht nach dir
Ihr Vögel – ich sehne mich nach euren Liedern
Ihr Rosen – ich sehne mich nach eurem Duft

Du verdammter Garten
Ich will entfliehen von dir
Ich will dich nicht ertragen du toter Garten
Ich hasse dich

Du paradiesischer Garten
Warst wohl nur ein Tagtraum
Nein du warst nicht real
Nur ein Traum
Das war nicht ich – der dich gestern sah

Das Wort

Gefangen in Ketten
Vom Kleid der Kälte überzogen
Und das Wort das ungeboren
Gehet hier auch still zu Grund

Wo stehen wir wenn wir fallen?
Ist es immer dieser Ort?
Höre den der leise singt das erste Lied
Und den der die große Hymne anstimmt

Der erste Ton
Ein Schrei des Schmerzes
Doch es erklingt ein leises Lied
Wird er fortgesungen der Schmerz?

Schmerz wird er vertrieben?
Kann er existieren wenn dieses Lied erklingt?
Ist dieses Lied mehr als nur ein Sonnenstrahl?
Ist es die Sonne in voller Pracht?

Der Fluss des Lebens strömt in meinen Träumen
Doch noch fließt ein Bach durch das Tal der Tränen
Bach du musst aufgehen in dem großen Fluss am Ende des Tals
Sonne du musst aufstehen in voller Pracht

Alle Ketten sind zerschlagen
Kälte du fliegst davon
Und das Wort das ungeboren
Freuet sich auf sein Erklingen

[Ende Zyklus]

Dunkler Schleier

Dunkler Schleier
Ich kenne dich so gut
Bist mein bester Freund
So lange schon bei mir
Du kennst mich
Weichst nicht von mir
Sei du der Eine
Der Eine der bleibt

Dunkler Schleier
Unter deinem Schutz greife ich zum Messer
Niemand außer dir sieht mich hier
Du sagst es doch niemandem
Oder?
Verrate mich nicht
Du bist der Eine
Der Eine dem ich vertraue

Dunkler Schleier
Ein letztes Mal schaue ich dich an
Das Messer nah an meinen Adern
Jetzt kann die letzte Reise beginnen
Doch was ist das?
Was hält mich da zurück?
Was zwingt mich in die Knie?
Das bist nicht du!

Dunkler Schleier
Ich liege auf dem Boden
Bin ich wach?

Träume ich?
Was ist das nur?
Ich kenn‘ es nicht
Hast auch du mich jetzt verlassen?
Kommen Geister nun um mich zu holen?

Dunkler Schleier
Tu doch was?
Hilf mir!
Ich hab‘ doch nur dich
Bist mein bester Freund
Tu was gegen diese Geister
Halt! Nein!
Ich glaube es sind Engel!

Dunkler Schleier
Geh zur Seite!
Ich will sie sehen diese Wesen
Ja es sind wohl Engel
Und so warm ist es hier
Doch die Engel sind nicht alles
Da ist mehr
Ein Mann in einem weißen Gewand kommt auf mich zu

Dunkler Schleier
Du bist nicht hier
Ich sehe nun den Mann
Sein weißes Gewand kommt näher zu mir
Ich höre ihn sprechen
„Mein geliebtes Kind
Das hier ist der Himmel
Willst du dass ich in dir wohne?
Dann kannst du ihn auf Erden leben!“

Dunkler Schleier
Du hast mich nur belogen
Warst nie mein Freund gewesen
Ich sehe meinen Freund nun vor mir stehen
Erkenne ihn
„Ja ich will dass du in mir wohnst
Will dir folgen
Für alle Zeit“

Dunkler Schleier
Ich sage dir nun
„Auf nimmer Wiedersehen“
Ich sehe mich wieder liegen auf dem Boden
Wissend dass das Alte ist gegangen
Es ist vorbei
Ein neues Ich steht auf
Wird sich nie mehr unter den Schutz des Schleiers stellen

Das Leben wartet
Nicht der Tod
Will es berühren
Es umarmen
Tanzen mal schnell und mal langsam
Singen mal laut und mal leise
Die Ewigkeit liegt vor mir
Vom Himmel auf Erden
Bis zum himmlischen Hochzeitsmahl
Und Dekaden darüber hinaus

Der Tag ist neu
Das Leben ist neu
Die Ewigkeit beginnt heute!

Neuer Horizont

Schweig rede nicht mehr
Ich weiß wenn der Morgen kommt wirst du geh'n
Nichts wird von dir bleiben
Leer wird er sein der Raum
Dunkel und kalt wird er sein der Morgen

Nun bist du fort
Vergessen all die Jahre
Vergessen unsere Liebe
Nichts wird mehr bleiben von dir
Nur die Träume in der Nacht

Die Träume werden stärker
Entfernen sich von dir
Führen mich zum Leben
Da ist eine Kraft
Da ist mehr

Kraft wer bist du?
Ich will dich erkennen
Zeig dich mir in deinem Glanze
Ich brauch dich so sehr

Jesus ich habe dich erkannt
Du mein Retter führst mich zum Leben
Gibst meinem Leben neue Fülle
Ich will wandeln mit dir
Neue Berge besteigen

Horizont ich sehe dich vor mir
Ich will dich erreichen
Will wandern durch das Tal
Besteigen all die Berge
Ich kann nicht anders mehr
Mein Weg führt mich tiefer zu dir

Schweig rede nicht mehr
Als der Morgen kam bist du gegangen
Nichts ist von dir geblieben
Leer war er der Raum
Dunkel und kalt war er der Morgen
Doch schon bald wurde er erhellt
Ich kann dir nun verzeihen
Habe meinen Frieden gefunden
Wirst auch du ihn finden?

Wunden

Wunden ihr werdet niemals schwinden
Messer bleib bei mir
Zeig mir durch mein Blut dass ich noch existier‘
Will nicht, dass du jemals gehst

Nacht du bist am Schwinden
Bitte bleib bei mir
Ich will dich halten schöner Traum
Will nicht dass du mit dem Morgen gehst

Oh schöner Traum
Schmerzen ihr wart am Schwinden
Ozean der Hoffnung ich habe dich gesehen
Längst vergessene Träume kamen über dir zurückgeflogen
Aus weiter Ferne kamen längst vergessene Freunde

Wind ich habe dich sprechen gehört
„Schwimm‘ durch den Ozean der Hoffnung.
Er ist die Vergebung die euch trennt“
Sprachst du zu mir

Wind ich habe zu dir geschrien
„Wind wie soll ich schwimmen?
Ich habe es nie gelernt
Ich werde untergehen“

Wind du hast meine Schreie gehört
Du sprachst mitten in mein Herz
„Mein Kind geh auf den Felsen zum Ufer
Ich werde dir dort zeigen was du kannst“

Oh schöner Traum
Ich konnte nicht anders als dem Wind gehorchen
Er trieb mich an
Ich wollte auf den Felsen
Konnte nicht anders mehr

Oh schöner Traum
Auf dem Felsen blickte ich zum Himmel
Ich erblickte IHN
„Mein liebes Kind ich liebe dich
Ich bin der Felsen und gebe dir Schutz
Ich bin der Ozean der Hoffnung
Das Wasser des Lebens
Du kannst schwimmen
Du kannst es durch mich"

Oh schöner Traum
Mit dem Morgen bist du geschwunden
Doch ich kenne nun IHN
Ich kann nun vergeben
Wunden ihr werdet schwinden
Messer geh von mir
Jesu Blut ist für mich vergossen
Mein Blut wird fließen niemals mehr

Nacht du bist geschwunden
Doch Traum du bist real
Ich kann nun schwimmen zu neuen Ufern
Ich bin endlich frei

Dunkler Ort

Dies ist ein dunkler Ort
Wenn du ihn verlässt
Wenn deine Liebe nicht mehr strahlt
Deine Wärme nicht zu spüren ist

Dies ist ein dunkler Ort
Vom Geist der Finsternis besessen
Schmerz macht sich in den Seelen breit
Dürsten sie doch nach der Wärme

Dies ist ein heller Ort
Wenn du den Engeln befiehlst zu kämpfen
Wenn sie mit dem Schwert zerschlagen
Alle dunklen Mächte

Dies ist ein heller Ort
Wenn die Armee der Engel in voller Stärke aufsteht
Wenn sie zur Finsternis spricht und befiehlt
„Schweig! Verschwinde für immer du Geist der die Seelen zerstört!“

Eden

Entführe mich in das Tal
In dem die Tränen getrocknet sind
Entführe mich in das Tal
In dem die Schwerter nicht mehr sprechen
Entführe mich in das Tal
In dem das Blut nicht mehr die Straßen wäscht
Entführe mich in das Tal
In dem die Vögel ihr Schweigen beenden
Entführe mich in das Tal
Das sich erhebt aus der Asche
Entführe mich in das Tal
Das Eden wieder aufstehen lässt

Eden ich habe dich gesehen im Traum
Du bist der Ort des wahren Seins
Der Mensch in seiner Bestimmung
Die Schöpfung im Tanz vereint

Flieg Adler flieg

Flieg Adler flieg
Über diesen Teil der Erde
Auf dem die Schlachten sind Geschichte
Auf dem das Blut getrocknet ist

Flieg Adler flieg
Über diesen Kontinent
Auf dem die einstigen Feinde sich verziehen
Auf dem sie sich brüderlich vereinigten

Flieg Adler flieg
Über diesen Erdenplatz
Auf dem dunkle Schatten uns lehrten sie für immer zu vertreiben
Auf dem geschworen wurde „nie wieder“

Flieg Adler flieg
Über mein geliebtes Europa
Versiegele die Brüderschaft
Versiegele den Frieden

Tanz im Goldstaub

Tanz‘ in der Freiheit
Tanz‘ im Licht des Lebens
Tanz‘ in deinem Goldstaub
Das Gold in dir ist freigesetzt
Tanz‘ in den Früchten deines Lebens
Tanz‘ in den Strömen des lebendigen Wassers
Tanz‘ in der Liebe
Die Liebe strömt aus dir

Tanz‘ in den Strömen des Lebens

Die Ströme des Lebens umgeben dich
Die Liebe umgibt dich
Die Ströme des lebendigen Wassers umgeben dich
Die Früchte umgeben dich
Der Goldstaub umgibt dich
Das Licht umgibt dich
Die Freiheit umgibt dich

Der Sieg umgibt dich

Du trägst das Kleid des Sieges
Du trittst ein in deine Bestimmung
Du begrüßt den Morgen nach der Nacht
Du wandelst auf dem Wasser wie auf dem Land
Du erkennst die Wahrheit
Du spiegelst sein Angesicht
Du erfreust dich deiner Identität

Jesus ist in dir

Ich darf nicht sein

Sie dachte „Ich darf nicht sein“
Sie dachte „Ich muss verstummen“
Sie dachte „Mich will keiner hören“

Tochter Schwester Königin

Sag „Ich bin hier“
Schrei in diese Welt
Deine Liebe am anderen Ende der Welt wartet schon

Tochter Schwester Königin

Deine Liebe folgt deinem Schrei
In der Nacht werdet ihr euch vereinigen
Dein Platz ist in dieser Welt

Felsen

Die Sonne sie scheint am großen Himmel
Und gibt uns Wärme
Ohne sie wären wir in der Finsternis
Auf Ewigkeiten gefangen
Der Energie beraubt
Ohne ein Licht

Das Licht ist des Menschen Zuversicht
Standhaft wie ein Baum steht der Leuchtturm
Und leuchtet den Weg allen auf hoher See
Er ist der Wegweiser im Sturm
Er ist der Wegweiser in den Wellen

Die Wellen prallen auf den Felsen nahe des Ufers
Doch der Felsen hält den Wellen stand
Fest geerdet überdauert er die Stürme

So gibst auch du Wärme und Licht
Und bist zugleich der Felsen
Du wirst getragen von dem Löwen der in dir lebt

Kriegerin der Nacht

Kriegerin der Nacht
Hisse deine Fackel
Damit der Feind im Feuer verbrennt
Damit er verstummt für immer

Kriegerin der Nacht
Du betrachtest die Erde aus dem All
Von hier aus werden große Schmerzen klein
Doch weinst du über den roten Blutpfad der Erde

Kriegerin der Nacht
Du betrachtest die Zerstörung
Schmerzende Seelen fügen Schmerz an diesen Ort
Wahn der Zerstörung wann endest du?

Kriegerin der Nacht
Komm zurück auf die Erde
Hisse deine Fackel
Damit der Feind im Feuer verbrennt

Kriegerin der Nacht
Der Höchste lebt in dir
Ströme des lebendigen Wassers
Sie sprudeln aus dir

Kriegerin der Nacht
Und alle Krieger des Höchsten
Lasst den Strom des Lebens überfluten die Erde
Lasst die Erde erfüllt sein von der Liebe

Ihr Krieger des Höchsten
Ihr seht die Engel mit den Fackeln
Sie sind eure Stütze für den Kampf mit dem Drachen
Er muss verstummen für immer

Ihr Krieger des Höchsten
Ihr Engel des Höchsten
Der Blutpfad wird getilgt
Lasst die Erde aufstehen im neuen Glanz

Lichtermeer

Die Nacht ist so endlos
Die Nacht ist so weit
So wie unsere Träume
Wohin fliegen sie?
Wohin werden sie ziehen wenn die Sonne untergeht?
Werden sie die Nacht überleben?
Sind sie eine Blume am nächsten Morgen?
Oder sind sie verglüht
Wie der letzte Stern am Himmel
Wenn die ersten Sonnenstrahlen die Nacht im Lichtermeer verzehren?
Sind unsere Träume noch zu sehen im Lichtermeer?
Oder sind sie verschlungen?
Nicht mehr zu sehen da die Farben alles bunt bemalen?
Nicht mehr zu hören da die Musik sie übertönt?

Himmlisches Jerusalem

Einsam schau ich in die weite Nacht
Der Mond scheint endlos weit entfernt
So wie auch meine Hoffnung
Wer bin ich nur in dieser Welt?

Meine Stadt ist zerfallen
Zerbrochen all‘ was war
Ein dunkler Schleier umgibt mich
Doch da ist mehr – beginne ich zu realisieren

Um mich alles dunkel
Ihr Sterne wo seid ihr?
Doch ich spüre ein Erwachen in der Finsternis
Denn meine Dunkelheit ist der Anfang deines Lichts

Du führst mich zu neuen Ufern
Nie gesehene Städte erheben sich aus Asche
Städte voller Gold
Umringt mit deiner Liebe

Deine Städte sind erwacht
Du hast sie erbaut für deine Kinder
Du hast sie erbaut auch für mich
Führst mich in deinen Tempel

Dein Tempel steht auf aus dem was war
Von Herrlichkeit zu Herrlichkeit
Meine Dunkelheit hat deine Liebe nicht aufgehalten
Sie durchdringt alles Sein

Deine Liebe durchdringt auch mich
Beginne ich zu realisieren
Ist das wirklich Wahrheit?
Bringe ICH dich an jeden Ort?

Ich trage deine Liebe an jeden Ort
Beginne ich zu verstehen
Meine Dunkelheit ist nicht mehr mein Wesen
Du hast sie besiegt

Königskind des Lichts
Höre ich dich sprechen
Das bin wirklich ich in dieser Welt
Durch mich wird deine Herrlichkeit offenbar

Hinter dem Horizont

Hinter dem Horizont
Beginnt ein neuer Morgen
Ein Morgen frei von Schmerz
Ein Morgen an dem das himmlische Manna unsere Speise ist
Ein Morgen an den ich immer glaubte
Nur viel schöner noch

Hinter dem Horizont
Da warte ich auf dich
Rennen werde ich zu dir
Dich mit offenen Armen willkommen heißen
Dir sagen dass uns niemand mehr trennen kann
Die Ewigkeit wartet doch auf uns

Hinter dem Horizont
Werden wir die Sonne aufgehen sehen
Mit Leichtigkeit entdecken wir das Weite
Bewundern all die Ressourcen
Stimmen ein in das Loblied der Schöpfung
Sind wir doch eins mit ihm von Angesicht zu Angesicht

Hinter dem Horizont
Ist die Familie vollkommen
Können wir nicht ohne den anderen
Werden wir uns nicht loslassen
Sind wir eine Braut für alle Zeit
Wir wurden doch geschaffen um eins zu sein

Doch deine Zeit ist noch nicht gekommen
Warte nicht nur auf den Morgen
Sehne dich nicht nur nach dem Horizont
Denn der Morgen bricht jetzt schon an
Unser aller Papa hat noch etwas vor mit dir
Ein Auftrag wartet auf dich
Vor dem Horizont

Vor dem Horizont
Bist du Salz
Bist du Licht
Trägst du seine Gegenwart mit jedem deiner Schritte

Vor dem Horizont
Bist du bereit für die Ernte
Die Ernte die der Regen hervorbringt
Du wirst tanzen im Regen geliebtes Königskind

Vor dem Horizont
Empfängst auch du die Ernte
Um dich zu ernähren
Multiplizierst du die Ernte für diese Welt

Vor dem Horizont
Wirst du die Sonne aufgehen sehen
Um neue Kraft zu tanken
Papa wird dir immer neue Kraft schenken

Vor dem Horizont
Werden andere die Sonne aufgehen sehen
Denn sie sehen dich
Bist du doch Licht für andere in dieser Welt

Vor dem Horizont
Wirst du erkennen wer du bist
Bist du doch eins mit ihm
Papas Natur wohnt auch in dir

Vor dem Horizont
Werden feste Bünde geschlossen werden
Freundschaft wird niemals enden
Was du bindest auf Erden wird auch im Himmel gebunden sein

Vor dem Horizont
Wirst du tanzen mit bunten Fahnen
Rot für die Liebe
Blau für die Hoffnung

Vor dem Horizont
Wirst du erkennen dass das Dunkel besiegt ist
Er ist in dir
Du bist in ihm

Vor dem Horizont
Bist du geschaffen um zu herrschen
Nicht länger ein Sklave
Sondern ein Kind des Höchsten

Vor dem Horizont
Wirst du in Fülle leben
Hinter dem Horizont
Wird es für immer gebunden sein

Morgen

Ich möchte ein‘ Morgen erleben
Wie ich ihn in der Nacht herbei geträumt
Ich möchte die Sehnsucht stillen durch das Licht
Ich möchte es erkennen das Licht
Es soll mir hell vor Augen scheinen

Ich möchte ein‘ Morgen erleben
Wie ihn die Nacht mir vorausgesagt
So strahlend schön die Sonnen scheinen
Und niemals hören auf zu scheinen
So soll mein Morgen sein

Ich möchte ein‘ Morgen erleben
Wie noch kein Morgen zuvor gewesen
Und niemals soll der Morgen vergehen
Und auch ihr Sonnen sollt niemals wieder gehen
Sollt immer sein am roten Himmel

Ich möchte ein‘ Morgen erleben
Wie er steht in alten Schriften
Schriften voller Sehnsucht
Oft geträumt und nie erfüllt
So war es Jahrhunderte gewesen
Doch nun soll dies mein Morgen sein

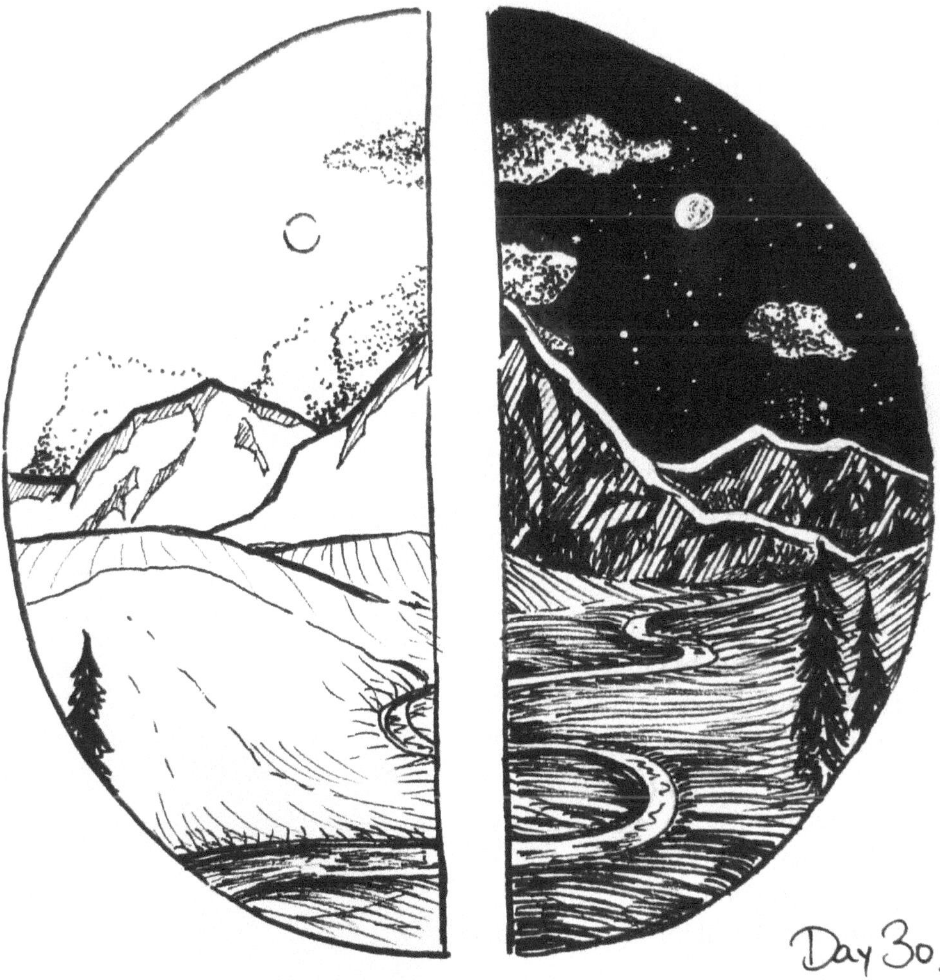
Day 30.

Gefangen

Ich liege hier
Gefangen in dieser Welt
Gefangen von euren Lügen
Gefangen von eurem Hass

Doch mein Geist tanzt
Er tanzt auf purem Gold
Er tanzt auf den ewigen Schätzen
Er sieht was niemals vergeht

Ich liege hier
Frierend in meiner Zelle
Frierend vom Hass der euch durchdringt
Frierend von eurem Willen mich zu brechen

Doch mein Geist tanzt
Er tanzt auf purem Gold
Er tanzt auf den ewigen Schätzen
Er sieht was niemals vergeht

Ich liege hier
Schmerzend von euren Peitschen
Schmerzend vom eurem Sein
Schmerzend weil ihr nicht erkennt

Doch mein Geist tanzt
Er tanzt auf purem Gold
Er tanzt auf den ewigen Schätzen
Werdet ihr erkennen?

Ich liege hier
Mein Geist liegt hier
Mein Geist tanzt dort
Geist der du bist hier
Geist in weiter Ferne
Wir werden eins

Zyklus der jauchzenden Schöpfung

Der Schrei des Wolfes

Du sagst ich bin ein Monster
Es zerreißt mir das Herz
Will schreien bis an die Enden der Erde
Heulen vor Sehnsucht und Schmerz

Du sagst ich bin ein Monster
Süchtig nach Rache und Blut
Kennst du mich denn wirklich?
Kennst du mein Herz?

Du sagst ich bin ein Monster
Doch ich werde weiden mit den Schafen
Will mit dir gehen durch den Wald
Mit dir erleben das Morgenrot

Du sagst ich bin ein Monster
Doch ich warte auf dich
Bis du erkennst deine Bestimmung
Und wandelst in deiner Identität

Du sagst ich bin ein Monster
Doch ich heule jede Nacht
Heule vor Sehnsucht nach dir
Nur der Schöpfer kennt mein Herz

Du sagst ich bin ein Monster
Doch der Tag wird kommen
Der Tag an dem wir uns begegnen
Und furchtlos voreinander stehen

Deine Wölfin Zyndia

Der Schmerz des Engels

Ein Engel steht am Felsrand
Tränen laufen ihm die Wangen runter
Sein Herz erfüllt mit Schmerz

Ein Engel blickt ins Tal
Nur Krieg und Zerstörung ist zu sehen
Mensch warum tötest du deinen Bruder?

Ein Engel sieht den Frühling
Neue Knospen sprießen
Neue Vögel singen

Ein Engel sieht den fließenden Bach
Lange Zeit war er ausgetrocknet
Bald ist er ein reißender Fluss

Ein Engel sieht eine Armee
Ihre Waffen sind die Herzen
Ihre Munition die Liebe des Höchsten

Ein Engel weiß dass es geschieht
Die Söhne und Töchter Gottes werden offenbar werden
Die Schöpfung wartet sehnsüchtig

Ein Engel schaut erneut den Felsrand runter
Wartet sehnsüchtig auf die Armee
Mensch wann wirst du deine wahre Bestimmung finden?

Das Ende der Feindschaft

Schwert
Du warst all die Jahre mein bester Freund
Hast dich genährt vom Blut meiner Feinde
Dachte du bringst mir Freiheit
Doch legtest du mein Herz in Ketten
Bandst einen schwarzen Schleier vor mein Gesicht
Machtest mich blind zu sehen
Taub zu fühlen

Feind
All die Jahre habe ich dich für das gehalten
Nun stehst du vor mir
Siehst mich an mit leeren Augen
Vernimmst mein altes Ich
Habe dich zu dem werden lassen der du nun bist
Du bist nicht mehr zum Kampf bereit
Bist zu müde
Auch ich lasse nun alle Waffen fallen

Feind
Wie lange soll ich dich noch so nennen?
Kenne ich doch nun dein wahres Ich
Kennst auch du mich jetzt?
Die Ketten sind gesprengt
Der Schleier ist fort geflogen
Sehen wir uns zum ersten Mal wirklich?
Ich sehe nun das Gold in dir
Kannst du mir vergeben?
Können wir uns lieben in Ewigkeit?

Zyndia

Geh' nicht fort Zyndia
Eine Reise liegt noch vor uns
Unentdeckte Länder
Unerforschte Schätze des tiefen Meeres

Geh' nicht fort Zyndia
Alle Kriege sind vergangen
Alle geistigen Mauern sind zerfallen
Die Mauer zwischen uns sie liegt in Trümmern

Geh' nicht fort Zyndia
Noch ist das Neue nicht in Sicht
Noch liegt das Land in schwarzer Asche
Doch wird die Asche bald zu Gold

Geh' nicht fort Zyndia
Das Gold ist nicht mehr weit
Die Sonne ist so nah
Bist du bereit mit mir auf die Reise zu gehen?

Der Weltraum

Der Weltraum ist so weit
Endlos wie deine Liebe
Können wir das Weite entdecken?
All das was du für uns hast

Der Weltraum ist so weit
Können wir in der Ewigkeit fliegen zu fernen Planeten?
Können wir alle Schätze entdecken?
Die zahllosen Schätze die du hast geschaffen

Der Weltraum ist so weit
Und unsere Erkenntnis nur Stückwerk
Wann werden wir erkennen?
Wann werden wir das Unfassbare begreifen?

Der Weltraum ist so weit
Und dein Herz sehnt sich nach uns
Sind wir doch so klein in diesem All
Doch ziehst du uns zu dir als dein Ebenbild

Der Weltraum ist so weit
Du hast ihn mit deinem Wort geschaffen
Wann werden wir erkennen was wir in deinem Wort erschaffen
können?
In deinem Namen wird das All erfüllt mit Liebe und Herrlichkeit

In Ewigkeit

[Ende Zyklus]

Zyklus
Die Reise

Liebe
Freunde
Hoffnung
Vater

Abschied von einem Freund

Schulhof – wieder stehe ich hier allein
Und wieder gehst du an mir vorbei und siehst mich nicht
War ich doch gestern noch deine Prinzessin
Und du der Prinz

Mein Freund – war ich für dich nur ein Spielball?
Kurze Zeit benutzt und dann nicht mehr brauchbar?
Oder hast du Angst vor dem was sie sagen?
Ich habe gehört wie sie reden über uns

Gelächter – es zu hören war nicht schwer
„Wie kann er nur mit ihr?
Sie gehört nicht zu uns!"
Kannst du nicht zu unserer Freundschaft stehen?

Feigling – Wie kannst du nur hören auf sie?
Du kennst mich doch wirklich!
Du weißt was sie nie wissen werden!
Ich vertraue dir doch!

Schmerzen – Du kennst sie alle
Du kennst meine Wunden
Du kennst meinen Scham
Du weißt wer mir dies hat angetan

Wolken – derer gibt es am Himmel viele
Und sie ziehen alle dahin
So lass ich nun auch dich ziehen
Zu weiten Orten

Tage des Aufbruchs – sie hat es mit dir gegeben
Doch nun bist du nicht mehr bei mir
Obwohl ich dich noch täglich im Klassenzimmer sehe
Bis zum Ende unserer Schulzeit

Schulzeit – hoffentlich endet sie bald
Ich will dich nicht mehr sehen – hasse dich so sehr
Kann es nicht ertragen
Ach wär‘ sie nur schon Vergangenheit

Vaterliebe

Mein liebes Kind
Komm reich mir deine Hand
Lass mich dir zeigen wer du wirklich bist
Wer du bist in dieser Welt

Mein liebes Kind
Komm lass mich dir den Himmel zeigen
Ich habe ihn geöffnet
Er ist offen auch für dich

Mein liebes Kind
Bist du bereit für eine Reise?
Das weiße Pferd will dir zeigen all das Weite
Komm spring auf

Die Reise mit dem Pferd

Ich habe auf dich gewartet
Nun bist du endlich da
Aufgesprungen auf meinen Rücken
Die Reise kann beginnen

Siehst du diesen Ozean?
Komm wir fliegen über ihn
So siehst du seine Größe
Und riechst seinen wundervollen Duft

Siehst du diesen Ozean?
Papa hat ihn gefüllt mit seiner Liebe
Ist sie doch viel größer als alle Ozeane dieser Welt
Duftet sie doch viel schöner als alle Meere dieser Welt

Siehst du diese Berge?
Komm wir besteigen sie
So siehst du ihre Größe
Und spürst ihre Kraft

Siehst du diese Berge?
Papa hat ihnen Kraft gegeben fest zu stehen
Doch sie werden fallen eines Tages
Seine Liebe bleibt jedoch bestehen

Siehst du das Wolfsrudel unten im Tal?
Siehst du wie die Mutter ihre Kinder schützt?
Sie schützt sie vor jedem Feind
Doch Papas Schutz ist noch viel stärker

Siehst du das Wolfsrudel unten im Tal?
Die Mutter bereitet ihre Kinder auf den Kampf des Lebens vor
So rüstet auch Papa dich zu
Dass du mit ihm schlagen kannst jede Schlacht

Siehst du die große Blumenwiese?
Wie sie blüht in bunten Farben
Keine Blume ist wie die andere
Und doch hat jede ihren Platz

Siehst du diese Blumenwiese?
So bunt wie sie ist auch Papas Garten
Hat doch jedes Wesen seinen eigenen Charakter
Und ist als solches geliebt und gewollt

Siehst du die Sonne am weiten Horizont?
Sie ist das Licht dieser Welt
Sie gibt uns allen Wärme
Doch Papas Wärme ist viel stärker

Siehst du die Sonne am weiteren Horizont?
Sie scheint für uns um unsere Tage zu erhellen
Doch Papa scheint viel heller
Er leuchtet auch in dir

Siehst du diesen Regenbogen?
Wie er als Zeichen der Einheit am Himmel steht
Papa hat auch dich in diese Einheit eingeschlossen
Jetzt wo er leuchtet haben sich Menschen vergeben

Siehst du diesen Regenbogen
Er wird immer wieder kommen
Seinen Platz immer wieder einnehmen
Hass muss weichen

Siehst du diesen Tempel des Höchsten?
Wie er größer noch als alles andere ist
Aus Gold errichtet steht er da
Als Zeichen seiner Herrlichkeit

Siehst du diesen Tempel des Höchsten?
Du hast freien Zuritt jederzeit
Komm geliebte Königstochter lass uns den Tempel betreten
Eine wichtige Botschaft wartet noch auf dich

Vaterliebe II

Mein liebes Kind
Komm leg ihn ab deinen Schmerz
Das weiße Pferd hat dir den Himmel gezeigt
Du kannst ihn leben jeden Tag

Mein liebes Kind
Diese Reise war nur der Anfang
Es war nur der Morgen
Es gibt noch so viel mehr zu entdecken

Mein liebes Kind
Lass mich fortan immer bei dir sein
So wirst du alles spüren
Alles was das weiße Pferd dir gezeigt

Mein liebes Kind
Sei nun gestärkt als eine Königstochter
Nimm deinen Platz ein in dieser Welt
Ich habe dich in diese Zeit gesetzt

Vergebung

Mein lieber Freund
Ich weiß nicht wo du bist
Doch ich schreie zu dir
Ich weine

Mein lieber Freund
Jahre sind vergangen seitdem wir uns gesehen
Wo bist du nur?
Ich will dich wieder sehen

Mein lieber Freund
Der Hass in mir wurde immer stärker
Er machte mich kaputt
Ich hasste dich so sehr

Mein lieber Freund
Ich sehe dich wieder mit anderen Augen
Der Hass ist verschwunden
Ich vermisse dich so sehr

Mein lieber Freund
Eine Nacht war der Anfang eines neuen Lebens
Das weiße Pferd zeigte mir eine neue Welt
Ich weiß du wirst das nie verstehen

Mein lieber Freund
Eine Nacht war der Anfang eines neuen Lebens
Papa habe ich wirklich kennengelernt
Ich weiß du denkst ich bin verrückt

Mein lieber Freund
Wir werden uns wohl nie wieder sehen
Meine Schreie gehen wohl ins Leere
Ich vergebe dir

Mein lieber Freund
Vielleicht weißt du es noch
Wer mir die Schmerzen in Kindertagen hat angetan
Ich vergebe auch ihm heute

Mein lieber Freund
Vielleicht hast du mich längst vergessen
Vielleicht denkst du ich bin dein Feind
Ich möchte dass du die Wahrheit kennst

Mein lieber Freund
Die Jahre des Hasses sind vorbei
Die Jahre der Furcht sind vorbei
Ich spüre dass mein Herz mit Frieden erfüllt ist

Mein lieber Freund
Vielleicht werden wir uns hinter dem Horizont erst wieder sehen
Vielleicht geschieht auch ein Wunder
Ich habe meine Arme immer offen für dich

Egal an welchem Ort du mir begegnest!

Der Brief des Freundes

Alysha
Wie soll ich diese Zeilen nur beginnen?
Wie soll ich dich nur anreden?
Liebe Alysha?
Liebe Freundin?
Hallo Alysha?
Ich weiß es nicht!

Alysha
Ich weiß nicht mal ob du mich noch kennst
Ob du mich noch kennen willst
Vielleicht hasst du mich
Vielleicht wirst du diesen Brief nie öffnen
Ich schäme mich so sehr!
Bitte vergib mir!

Alysha
Ich weiß nicht wirklich was ich sagen soll
Wie ich dich um Verzeihung bitten soll
Reichen hier Worte?
Braucht es Taten?
Ich würde alles für dich tun
Möchte dich so gerne wieder sehen

Alysha
Ich weiß ich war feige
Habe dem Gerede der anderen nicht standgehalten
Wollte von der Gruppe anerkannt werden
Du hast mir vertraut
Und ich habe dein Vertrauen missbraucht
Ich verdammter Idiot

Alysha
So gerne würde ich dich wieder in die Arme nehmen
So gerne würde ich die Freundschaft neu beleben lassen
Doch es sind so viele Jahre vergangen
So viel ist mit uns geschehen
Ich kann verstehen wenn du diesen Brief zerreißt
Doch ich warte sehnsüchtig auf ein Wiedersehen

In Liebe
Andre

Wiedersehen

Zwei Herzen
Schlagen im Rhythmus der Nacht
Brennen für einander
Jahre getrennt und nun vereint

Zwei Herzen
Über Jahre in der Finsternis gefangen
Doch das Licht ist heller
Es führt zu neuer Freiheit

Zwei Herzen
Bleiben nicht im Hassen gefangen
Erkennen den Weg der Wahrheit
Vergeben und schreiten voran

Zwei Herzen
Wollen sich niemals verlieren
Nie wieder verdammen
Den Hass für immer besiegen

Proklamation

Verschwinde du dreckige Lüge
Verschwinde elendiger Feind
Verschwindet ihr Mächte der Dunkelheit

Angst muss weichen
Scham muss fliehen
Zweifel werden zertreten

Das Gestern lassen wir zurück
Den Morgen begrüßen wir mit Dank
Der Morgen gehört uns

Wir sind für immer vereint!

[Ende Zyklus]

Tänzerin der Nacht

Tänzerin der Nacht
Wie der Mond scheinst du
Im Rhythmus der Nacht seh' ich deine Schönheit
Doch du bist so weit
So unnahbar

Tänzerin der Nacht
Du gibst Licht diesem dunklen Ort
Doch es ist einsam um dich
Wer erhellt deine dunkle Seele?
Wer berührt dich wenn die Musik verstummt?

Tänzerin der Nacht
Zeig mir die Wunden deiner Seele
Zeig mir die Wunden an deinem Körper
Jede Wunde ein zerbrochener Traum
Und doch ein kämpfendes Herz

Tänzerin der Nacht
Führe mich zu dir
Lass die Leidenschaft brennen im Kampf
Lass uns tanzen vereint
Auch wenn die Musik erloschen ist

Nacht der Erkenntnis

Du und ich
Das war nur eine Lüge
Unser Spiel der Leidenschaft
War nur ein Schattentanz

Heute ist die Nacht der Erkenntnis
Unser Reich liegt in Schutt und Asche
Heilige Kühe werden geschlachtet
Errichten werde ich ein neues Reich
Gebaut auf Trümmern

Du und ich
Das war wie Heiß und Kalt
Durch die Verbindung sterben beide
Unmöglich vereint zu existieren

Heute ist die Nacht der Erkenntnis
Unser Reich liegt in Schutt und Asche
Heilige Kühe werden geschlachtet
Errichten werde ich ein neues Reich
Gebaut auf Trümmern

Du sagst mir fall
Ich möchte stehen
Du sagst mir brich
Ich möchte leben

Lüge verschwinde
Angst geh‘ fort
Trauer werde von der Sonne verbrannt
Irrglaube finde dein Ende

Heute ist die Nacht der Erkenntnis
Unser Reich liegt in Schutt und Asche
Heilige Kühe werden geschlachtet
Errichten werde ich ein neues Reich
Gebaut auf Trümmern

Heute ist die Zeit für ein neues Reich
Tränen werden trocknen
Blut wird nicht mehr fließen
Das Dunkel wird nicht triumphieren

Heute ist die Nacht der Erkenntnis
Unser Reich liegt in Schutt und Asche
Heilige Kühe werden geschlachtet
Errichten werde ich ein neues Reich
Gebaut auf Trümmern

Offenbahrungen

Mutter Erde

Vergiss mich nicht
Wenn du das nächste Mal zur Waffe greifst
Weil du denkst
Ich sei nicht wertvoll

Vergiss mich nicht
Wenn du das nächste Mal verachtest das Meer
Weil du denkst
Es muss doch eh einst sterben

Vergiss mich nicht
Wenn du das nächste Mal tötest den Wald
Weil du denkst
Es ist doch alles vergänglich

Vergiss mich nicht
Wenn du das nächste Mal einen Fremden hungern lässt
Weil du denkst
Unser Zuhause ist nicht hier

Vergiss mich nicht
Wenn die Meere sich zu Blut verwandeln
Weil du denkst
Dein Nächster ist dein Feind

Vergiss mich nicht
Wenn du das nächste Mal verachtest meine Ressourcen
Weil du denkst
Ich kann nicht fühlen

Vergiss mich nicht
Ich bin Mutter Erde
Von Gott geschaffen für dich
Nicht um mich zu vernichten

Vergiss mich nicht
Ich bin Mutter Erde
Du solltest wandeln auf mir
Herrschen in Liebe

Söhne und Töchter werdet wach
Erkennt eure Bestimmung
Die Schöpfung wartet

Träume

Träume von einem Platz weit weg von dieser Welt
Gehe hinein in eine Illusion
Begehe den Traum bei Tag und bei Nacht
Wache auf aus diesem Traum
Aus dieser Illusion
Und kämpfe dafür dass das Geträumte real wird

Träume von deinen größten Wünschen die dein Herz erfüllen
Sag dir was du erreichen willst
Doch schlafe nicht zu lange
Kämpfe dich durch eine tränenreiche Zeit
Durch deinen Schmerz
Und höre nicht auf bis das Licht in Sicht ist

Bringe Opfer für die größten Träume deines Lebens
Die Träume für die du lebst
Mach dir klar dass nur du weißt was du brauchst um existieren zu können
Drum weine nicht um gebrachte Opfer
Höre nicht auf deine Taten zu begehen
Sonst müsstest du um eine getötete Seele weinen

Deine Seele die du getötet hast

Wenn die Sonne untergeht

Was wird sein
Wenn die Sonne untergeht?
Was wird sein
Wenn sie nicht mehr scheint?
Was wird sein
Wenn die Nacht tritt ein?

Wenn die Nacht tritt ein
Wird ein Licht noch leuchten dann?
Wenn die Nacht tritt ein
Wird es kalt, leer und finster nur sein?
Wenn die Nacht tritt ein
Wirst du da sein du mein Licht?

Du mein Licht
Wirst du scheinen für mich?
Du mein Licht
Wirst du meine Nacht erhellen?
Du mein Licht
Wirst du die Nacht verjagen?
Du mein Licht
Wirst du sie verjagen für alle Zeit?

Verlorener Traum

Verlorener Traum
Du musst nun ziehen
Weg von diesem Ort

Verlorener Traum
Du musst im Ozean ertrinken
Und sinken auf den tiefen Meeresgrund

Verlorener Traum
Du musst besteigen den höchsten Berg
Und dort vom Licht der Sonne verbrennen

Verlorener Traum
Du musst von mir lassen
Und nie wieder darfst du mich erblicken

Verlorener Traum
Ich liebe dich
Doch du tötest mich
Darum zerreiße ich dich nun
Verschwinde für immer

Wiedersehen

Die Tage sie vergehen
Und unsere gemeinsame Zeit sie endet
Eine letzte Nacht
Ein letzter Tanz
Dann musst du für immer fort

Die Tage sie vergehen
Sowie auch unsere Zeit vergeht
Dass wir uns für immer vereinen
Das hat das Leben nicht gewollt

Die Tage sie vergehen
Und nur ein Traum bleibt von dir zurück
Vergessen unsere Träume
Vergessen unsere Liebe
Das Band das uns verbinden sollte liegt noch hier

Die Tage sie vergehen
Doch unsere Leben schreiten voran
Zwei Leben
Zwei Welten
Nicht möglich sich zu vereinen

Die Tage sie vergehen
Doch hinter dem Horizont werden wir uns wiedersehen
Wir tanzen in der Ewigkeit
Das Band wird gefestigt
Nicht möglich uns zu trennen

Die Tage sie vergehen
Den Horizont vor Augen lass‘ ich dich nun ziehen
Muss wieder neu lieben
Muss wieder neu leben
Ohne dich werde ich neue Ufer erklimmen

Die Tage sie vergehen
Neue Welten werden eingenommen
Neue Ziele
Neue Träume
Doch in Ewigkeit wird unser Band für immer gefestigt sein

Der Tag wird kommen
An dem wir schuldlos voreinander stehen
Keine Trennung
Keinen Schmerz
Vereint für immer

Der Tag wird kommen
An dem das Irdische vergangen ist
Wir sind Teil der einen Braut
Mit dem Schöpfer in Einklang
In Freundschaft verbunden für alle Zeit
Stärker als jedes irdische Band

Doch nun reiße ich entzwei das Band
Lasse dich ziehen
Tränen fließen wartend auf den Tag
An dem das Band übernatürlich gefestigt wird
Stärker als je zuvor

Der Tag wird kommen
An dem wir die Zeit nicht fürchten
Uns gehört das Heute
Uns gehört das Morgen
Keine Macht kann unser Band dann noch zerreißen

Wiedergeburt

Finsternis
Lag einst über diesem Land
So wie auch ich
Wandelte in der Dunkelheit

Winter
Dunkel und kalt war er gewesen
So wie auch meine Seele
Blind für den Frühling der klopfte an mein Herz

Schnee
So unschuldig weiß
Kleidete meinen Körper
Bedeckte meine Schuld
Wenn ich im Schneesturm tanzte

Kälte
Du nahmst nun überhand
Zwangst mich auf den Boden
War nicht mehr fähig gerade zu gehen

Sonnenstrahlen
Dies war euer Durchbruch
Ich habe euch gesehen
Und am weiten Horizont
Sah ich endlich IHN

Winter
Gestorben bist du nun
So wie auch mein altes Ich
Es hing mit dir auf Golgatha

Natur
Sie erwacht zu neuem Leben
Die Vögel singen ein neues Lied
So bin auch ich erwacht
Mein neues Ich ist auferstanden mit DIR

Frühling
Du wirst immer mehr zu dem wer du bist
Kein Grau mehr zu sehen
Keine Kälte mehr zu spüren
So werde auch ich immer mehr zu dem wer ich bin

Ein Königskind in alle Ewigkeit

Löwenherz

Das Schlachtfeld ist leer
Nur Trümmerteile aus Asche sind zu sehen
Kein Mond der die Nacht erhellt

Und du starke Kriegerin
Schaust des Nachts auf das Feld wie auf die vergangenen Jahre

Du siehst ein' Traum
Wie er dort liegt
Er war einst hell
Nun liegt er im Staub
Nur Asche ist er noch

Du siehst dein Herz
Wie es dort liegt
Es schlug einst schnell
Zertreten liegt es dort

Die erste Schlacht ist vorbei
Der Krieg scheint verloren

Doch nach der Nacht kommt der Morgen
Die Dunkelheit lässt er schwinden
Ein leichter Hauch von Wärme liegt in der Luft

Und du starke Kriegerin
Spürst das Löwenherz in dir wie es erwacht

Du siehst ein‘ Traum
Wie er leuchtet in der Ferne
Einst war er vergessen
Nun wartet er auf dich

Du spürst dein Herz
Wie es dich antreibt
Es schlägt schnell
Kampfesbereit geht es mit dir voran
Dein Löwenherz

Mit dem Morgen kommt das Erwachen
Neue Pflanzen kommen aus der Erde
Neue Düfte liegen in der Luft

Und du starke Kriegerin
Schaust dich um auf dem Feld

Das Schlachtfeld ist vergangen
Neues Leben ist erwacht

Du siehst eine Taube am weiten Horizont
Sie fliegt auf dich zu
Kommt näher und näher
Was will sie dir sagen?
Was hat sie für dich bereit?

„Dein Herz und ich
Wir sind eins
Ich begleite dich auf deiner Reise
Gebe dir die Kraft die Stimme des Feindes zu erkennen“

Du siehst ein‘ Löwe am weiten Horizont
Er kommt auf dich zu
Kommt näher und näher
Was will er dir sagen?
Was hat er für dich bereit?

„Dein Herz ist voll Wärme
Erfüllt mit meiner Liebe
Ich werde mit dir kämpfen auf deiner Reise
Den Feind werden wir zerstören
Er verträgt die Wärme nicht“

Du siehst ein‘ Lamm am weiten Horizont
Es kommt auf dich zu
Kommt näher und näher
Was will es dir sagen?
Was hat es für dich bereit?

„Dein Herz war voll Schmerz
Bitter hat es geweint
Doch ich habe mit dir gelitten
Alle Schmerzen habe auch ich gespürt
Leg ihn ab den Schmerz“

Und du starke Kriegerin
Bist bereit die zweite Schlacht zu schlagen

Du führst das Schwert der Erkenntnis in deiner linken Hand
Zerschlägst mit ihm den Drachen
Tot liegt er am Boden
Hat die Macht über dich verloren

Du hörst die Taube
„Er musste sterben damit du lebst
Dein Herz hat das Schwert geführt“
Flüstert sie dir ins Ohr

Du erwürgst die Schlange durch die Kraft der Vergebung
Sie verstummt für immer
Wird nie mehr zu dir sprechen
Du hörst den Löwen brüllen in der Ferne
„Die Freiheit ist nun nahe“
Will er dir sagen

Der Morgen schreitet voran
Der Tag setzt sich in Bewegung
Viel ist geschehen

Du schaust zurück auf deine Taten bei Anbruch des Abends
Leichter Regen fällt
Erfrischt deinen Körper

„Das ist das Wasser des Lebens
Das Wasser deiner Träume
Sie kommen nun zu dir und werden wahr“
Hörst du die Taube flüstern in dein Ohr

Der Regen wird stärker
Blitze kommen auf
Ein Blitz trifft dich
Füllt deinen Körper mit Energie

Du spürst
Das war der Blitz der den Sieg manifestierte
Der Löwe hat ihn dir geschickt
Der innere und äußere Feind ist endgültig zerstört
Du strahlst von innen nach außen
Der Sieg ist endgültig dein

Der Regen spült die letzte Asche fort
Das Schlachtfeld ist Geschichte
Für immer

Die Nacht bricht ein
Doch auch sie wird erhellt
So erleuchtet der Mond fortan in jeder Nacht

Und du starke Kriegerin
Begrüßt den Morgen nach jeder Nacht
Siehst das Licht auch in der Dunkelheit
Lebst stärker denn je
Dein Feind ist tot

Dein Löwenherz ist dein
Für immer

Anhang

Einführung in die Meditation

Liebe Leserin, lieber Leser,

dich haben die Gedichte inspiriert? Du hast gespürt, dass es im Leben mehr gibt als das, was wir mit unserem natürlichen Auge sehen? Du hast gespürt, dass es etwas Übernatürliches gibt? Du hast gespürt, dass die Kraft der Liebe sehr stark ist? Du hast gespürt, dass die Kraft der Vergebung sehr stark ist? Du hast gespürt, dass das Übernatürliche Wunder bewirken kann, und dass die Ewigkeit real ist?

Es ist mein großer Wunsch, dass du dies spürst, und dass du spürst, dass Jesus die Tür ins Übernatürliche ist. Dass Jesus die Tür zu alledem ist.

Vielleicht fragst du dich nun: „Was können die nächsten Schritte sein, damit auch ich hierin wachse?" Eine Antwort auf diese Frage zu geben, ist das Ziel dieses Anhangs. Bitte doch zunächst Jesus darum, in dein Leben zu kommen und zu dir zu sprechen. Im nächsten Schritt sollen sieben morgendliche Meditations-Übungen helfen, die größte Kraft des Universums (Jesus) bewusst wahrzunehmen. Die Gedanken sollen jeden Morgen bewusst hierauf ausgerichtet werden.

Wie gehst du hierbei am besten vor? Der in Ich-Form geschriebene Text stellt die Gedanken dar, die du dir am besten machst, wenn du diese Meditations-Übung durchgehst. Den Text kannst du hierbei sprechen oder einfach nur gedanklich durchgehen. Dies spielt keine Rolle. Die Augen hältst du während der Übung am besten geschlossen. Hierbei sind der Inhalt und die Gedanken wichtig und nicht, dass der Text wortwörtlich aufgesagt oder durchdacht wird. Der kursive Text in Wir-Form beschreibt die Bilder, welche du dir am besten vorstellst.

Jeden Morgen sollte eine Übung durchgeführt werden. Hierbei dauert eine Übung idealerweise ca. 10 Minuten. Finde einen Platz, an dem du die Übung ungestört durchführen kannst. Ich bevorzuge einen Platz in der morgendlichen Sonne. Wichtig ist aber vor allem, dass es ein Platz ist, an dem du dich wohlfühlst.

Diese morgendliche Meditation soll dir Energie für den Tag geben.

Liebe Leserin, lieber Leser, vielleicht hast du noch viele Fragezeichen. Fragezeichen zur Bedeutung der einzelnen Gedichte. Fragezeichen zu den Übungen, tiefgehende Fragen über das Übernatürliche usw. Diese Fragen sollten nicht unbeantwortet bleiben.

Du kannst mich gerne kontaktieren:

Torben Zahradnicky
torben.zahradnicky@fcg-hanau.de
Betreff: Licht tötet Schatten

*Mit Unterstützung von:
Prophetic Passion –
Schule des
Übernatürlichen*

Wichtig: Diese Meditationsübungen sind ein Vorschlag, wie du konkrete Schritte mit Jesus gehen kannst. Sie sind nicht das alleinige Allheilmittel. Grundlage von allem ist die Bibel als Wort Gottes. Vielleicht triggert dich das ein oder andere und du weißt nicht genau, wie damit umzugehen, da es neu für dich ist. Vielleicht sagt dir die eine Übung mehr zu als die andere. Vielleicht ist die eine Übung für dich inhaltlich nicht so greifbar wie die andere. Dies liegt auch daran, dass Gott jedem Menschen auf eine unterschiedliche Art und Weise begegnet, eben so, wie er es braucht. Daher zögere bei Fragen nicht, mich zu kontaktieren. Gerade wer neu im Glauben ist, sollte persönliche Unterstützung erfahren. Gerne helfe ich dir, dies alles einzuordnen. Wenn du danach eine intensivere Unterstützung möchtest, begleite ich dich gerne in die *Schule des Übernatürlichen*. Ich werde dir aber nichts aufzwingen, was du nicht möchtest. Du entscheidest! Wichtig: hierbei geht es nicht um Religion, sondern um das Leben selbst. Jesus kam nicht, um Religion zu bringen, sondern Leben!

Der erste Schritt

Bevor du mit den Übungen beginnst, lasse dich doch ganz bewusst auf das Übernatürliche ein und bitte Jesus, in dein Leben zu kommen. Er wird dann in dir leben und du in ihm. Dies kann mithilfe folgenden Gebetes geschehen:

„Jesus, ich komme heute zu dir.
Mit allem, was ich habe.
Mit allem, was ich bin.
Bitte komm du in mein Leben und erfülle mich.
Ich weiß, dass du vor über 2000 Jahren für all meine Sünden gestorben bist, weil du mich liebst und ich daher ohne Angst zu dir kommen kann. Bitte sprich zu mir und sende den Heiligen Geist auf mich, der mich in alle Wahrheit leitet.
Bitte führe mich in die Welt des Übernatürlichen und sei bei mir von heute bis in alle Ewigkeit in der sichtbaren und der unsichtbaren Welt.
Amen.“

1. Übung

Danke Jesus, dass du das Lamm bist, das sich für uns geopfert hat. Danke, dass du auch für mich am Kreuz gestorben bist, damit ich frei bin.

Unendliche Liebe

Wir stellen uns vor, wie Jesus am Kreuz für uns gestorben ist, und welche Schmerzen er erlitten hat. Wir spüren intensiv, welche unendliche Liebe dahinter steckt, dass Jesus sich für jeden einzelnen von uns geopfert hat. Wir machen uns bewusst, dass Jesus an jeden einzelnen von uns gedacht hat, als er am Kreuz hing.

Jesus, ich danke dir für diese Liebe. Ich danke dir, dass du das Lamm bist, das sich für uns geopfert hat.

Amen.

2. Übung

Danke Jesus, dass du das Lamm bist, das sich für uns geopfert hat. Danke, dass du auch für mich am Kreuz gestorben bist, damit ich frei bin.

Bruder im Kampf

Wir werden uns bewusst, dass Jesus nicht nur das Lamm ist, das sich für uns geopfert hat, sondern auch der Löwe, der mit uns (d.h. an unserer Seite) kämpft. Wir stellen uns einen brüllenden Löwen vor mit all seiner Kraft und seiner Stärke. Wir werden uns bewusst, dass Jesus dieser Löwe ist und mit uns kämpft. Er ist als Löwe unser Bruder im Kampf. Dessen werden wir uns bewusst.

Danke Jesus, dass du der Löwe bist, der mit uns kämpft, und dass du das Lamm bist, das sich für uns geopfert hat. Danke, dass du auch für mich am Kreuz gestorben bist, damit ich frei bin.

Amen.

3. Übung

Danke Jesus, dass du der Löwe bist, der mit uns kämpft, und dass du das Lamm bist, das sich für uns geopfert hat. Danke, dass du auch für mich am Kreuz gestorben bist, damit ich frei bin.

Proklamation: Krieger mit Rüstung

Wir stellen uns einen Krieger mit Rüstung vor, der alle Kämpfe und Schwierigkeiten auf sich nimmt. Einen Krieger, der große und kleine Schwierigkeiten mit dem Schwert erschlägt.

Ich weiß, welche Kraft in mir wohnt, und dass ich durch diese Kraft alles meistern kann. Nicht alleine aus mir heraus, sondern durch dich. Ich weiß, dass die größte Kraft des Universums in mir wohnt und ich in ihr.

Wir stellen uns das Universum in all seiner Größe vor. Wir spüren intensiv, wie groß und endlos das Universum ist. Wir machen uns nun deutlich, dass die Kraft, die dieses Universum erschaffen hat und über ihm steht, in uns wohnt, und dass wir in ihr wohnen.

Wenn ich mir dieser Kraft und dieser Größe nun bewusst bin, dann sind alle Schwierigkeiten des Alltags klein, alle Herausforderungen des Alltags, und mögen sie mir noch so groß erscheinen, werden klein in diesem Licht.

Alle Herausforderungen des heutigen Tages werde ich meistern.

Danke Jesus, dass ich heute näher in meine Bestimmung komme.
Danke, dass ich sein kann, da du in mir bist und ich in dir.
Amen.

4. Übung

Danke Jesus, dass du der Löwe bist der mit uns kämpft und, dass du das Lamm bist, das sich für uns geopfert hat. Danke, dass du auch für mich am Kreuz gestorben bist, damit ich frei bin.

Proklamation: Königskind

Ich weiß, dass ich ein Kind des Höchsten bin, und dass ich Zugang zu allen himmlischen Ressourcen habe.

Wir stellen uns bildlich vor, wie wir die Ressourcen Freiheit, Erfolg, Reichtum erobern. Wir stellen uns bildlich vor, was wir mit diesen Ressourcen alles bewegen können. Wir stellen uns vor, was wir mit diesen Ressourcen für uns erreichen können, und was wir mit diesen Ressourcen für andere erreichen können. Wir stellen uns vor, wie wir am heutigen Tag all diesem ein Stück näher kommen.

Ich komme als Königskind in meine Bestimmung und kann Salz und Licht sein. Ich kann den Unterschied machen und der Welt geben, was sie braucht, da ich habe, was ich brauche.

Wir stellen uns vor, wie die Kraft des Lebens, das Wasser des Lebens, aus uns strömt. Sie fließt, diese Kraft, und verwandelt sich in Gold. Durch diese Kraft können wir den Unterschied machen und der Welt geben, was sie braucht.

- Es gibt Personen, für die bin ich Licht.
- Es gibt Personen, die brauchen das Wort, das ich heute zu ihnen sprechen werde.
- Es gibt Personen, die brauchen heute meine Tat.

Danke Jesus, dass ich heute näher in meine Bestimmung komme.
Danke, dass ich sein kann, da du in mir bist und ich in dir.

Amen.

5. Übung

Danke Jesus, dass du der Löwe bist, der mit uns kämpft, und dass du das Lamm bist, das sich für uns geopfert hat. Danke, dass du auch für mich am Kreuz gestorben bist, damit ich frei bin.

Proklamation: Ich springe heute ins Wasser

Ich springe heute ins Wasser und erfrische mich. Ich spüre, wie das Wasser meinen Körper durchdringt.

Wir stellen uns vor, wie wir in das Wasser springen. Wir stellen uns das weite Meer vor und wie wir hier rein springen. Das Wasser durchdringt unseren Körper und erfrischt uns. Es ist die Frische des Neuen, die Frische des Unbekannten, das auf uns wartet. Wir spüren diese Frische intensiv.

Ich werde heute in das Wasser springen. Jesus ich weiß, dass du bist und in mir lebst, auch wenn die Wellen schlagen.

Jesus ich weiß, dass du mir Kraft gibst, wenn die Wellen hoch schlagen. Es ist deine Kraft in mir.

Wir stellen uns vor, wie wir im Meer schwimmen, in welchem hohe Wellen schlagen. Die Wellen können uns nicht schaden. Wir spüren deinen Schutz, der uns auf dem Meer begleitet und durch die Wellen trägt.

Jesus, ich stelle mich heute unter deinen Schutz. Führe mich auf das Wasser und begleite mich dort.

Amen.

6. Übung

Danke Jesus, dass du der Löwe bist, der mit uns kämpft, und dass du das Lamm bist, das sich für uns geopfert hat. Danke, dass du auch für mich am Kreuz gestorben bist, damit ich frei bin.

Proklamation: Ich liebe meinen Nächsten wie mich selbst

Wir stellen uns intensiv die Frage, was wir uns von der Welt nehmen wollen, und was wir der Welt geben wollen. Wir stellen uns die Frage, wie das, was wir uns von der Welt nehmen, uns beflügelt und uns dazu befähigt, der Welt etwas zu geben. Wir stellen uns vor, wie dies im Einklang ist.

Jesus, ich bekenne mich dazu, dass ich meinen Nächsten liebe wie mich selbst. Ich weiß, dass beides im Einklang stehen soll.

Jesus, ich mache mir heute bewusst, was es bedeutet, mich selbst zu lieben, und was ich dafür für mich tun muss.

Jesus, ich mache mir auch bewusst, dass diese Selbst-Liebe mich befähigt, meinen Nächsten zu lieben. Ich mache mir bewusst, dass diese Selbst-Liebe mich befähigt, die Welt zu lieben und für sie den Unterschied zu machen.

Jesus, ich werde mir heute meines eigenen Wertes bewusst und kann dadurch andere wertschätzen.

Wir denken über unseren eigenen Wert nach. Negative Gedanken über uns legen wir heute ab. Gestärkt mit diesem Wissen des eigenen Wertes begegnen wir heute anderen in ihrem Wert.

Jesus, ich danke dir, dass du mich als wertvoll erachtest und ich in diesem Wissen andere wertschätzen kann.

Amen.

7. Übung

Danke Jesus, dass du der Löwe bist, der mit uns kämpft, und dass du das Lamm bist, das sich für uns geopfert hat. Danke, dass du auch für mich am Kreuz gestorben bist, damit ich frei bin.

Proklamation: Ich gehe in die Welt und sag es ihnen!

Jesus, ich weiß, dass die Welt durch das Wort geschaffen wurde. Auch ich kann durch das Wort schöpferisch tätig sein, ich kann in Umstände hineinsprechen und durch das Wort positive Veränderung bewirken.

Wir stellen uns vor, wen wir heute durch unser Wort berühren wollen. Wir stellen uns vor, was wir dieser Person sagen möchten.

Ebenfalls stellen wir uns vor, welche Veränderungen wir für unsere Umstände herbeiführen können, wenn wir ohne Menschenfurcht auf Personen zu gehen und ihnen sagen, was uns auf dem Herzen liegt.

Jesus, ich danke dir, dass du mir den Mut und die Kraft gibst, zu sagen, was wichtig ist. Ich danke dir für die Macht des Wortes und werde diese Macht zum Guten gebrauchen.

Amen.

Erkenntnis: Ich bin ...

Liebe Leserin, lieber Leser,

zum Schluss möchte ich dir noch eine Erkenntnis mitgeben, die dich auf ein höheres Level heben wird.
Sprich diese Erkenntnis regelmäßig über deinem Leben aus:

**„Ich bin im Universum.
Das Universum ist in mir.
Ich bin in Gott.
Gott ist in mir.
Gott ist Liebe.
Ich bin in der Liebe.
Die Liebe ist in mir.
In bin die Liebe.
Ich strahle diese Liebe aus und kann sie weitergeben.**

**Die Knechtschaft beginnt in meinen Gedanken.
Somit beginnt auch die Freiheit in meinen Gedanken.
Ich sprenge heute alle Ketten.
Ich bin frei.
Ich bin die Freiheit.**

**Ich wurde geboren um einen einzigartigen Auftrag zu erfüllen.
Jeder Mensch hat von Gott einen einzigartigen Auftrag bekommen.
Jeder Mensch ist einzigartig.
Ich bin einzigartig.**

In Jesu Namen!“

Autorenprofil Torben Zahradnicky

Torben Zahradnicky (*1988) ist unternehmerisch und gesellschaftlich/politisch engagiert. Er liebt es Menschen zu verbinden und dafür zu sorgen, dass sie gemeinsam erfolgreicher werden. Eine Leidenschaft von ihm ist das Schreiben von Gedichten, die zum Nachdenken anregen und Mut machen sollen zur Veränderung im Leben einzelner sowie gesellschaftlich. In diesen Gedichten widmet er sich menschlichen Gefühlen wie Liebe und Hass, Schmerz und Freude.

Seit früher Jugend fühlt er sich der Gothic-Szene verbunden. Daher dürfen hier auch Drachen, Schlangen und Engel nicht fehlen. Seine Gedichte entstehen immer aus einer ganzheitlichen, übernatürlichen Sicht. Es ist der Blickwinkel der Ewigkeit. Als Christ ist er der Überzeugung, dass die Urgemeinde eine Spiritualität gelebt hat, die bei einem Großteil der Kirchen heute abhanden gekommen ist. Es ist ihm wichtig, echte Gefühle zuzulassen und dabei für diese Spiritualität offen zu sein.

Künstlerprofil Annike Peters

Annike Peters (*1994) malt bereits seit ihrer frühen Kindheit. Sie nutzt ihre Kreativität, um in ihren Bildern Erlebnisse, Gefühle, Gedanken und Emotionen auszudrücken. Die studierte Kunsttherapeutin hat früh erkannt, dass für sie Malen nicht nur ein Hobby, sondern eine Möglichkeit der Verarbeitung ist, und sie sich durch ihre Werke Ausdruck verschafft, der auch andere Menschen erreichen kann. So liegt es ihr am Herzen, Menschen durch ihre Bilder zu berühren und zum Nachdenken anzuregen. Als Christin thematisiert sie in ihren Arbeiten auch spirituelle Themen wie übernatürliche Heilungen, Begegnungen mit Gott und Wunder, die sie erleben durfte.

Künstlerprofil Indis Miriel Schmunk

Indis Miriel Schmunk (*1991) ist in einer Missionarsfamilie aufgewachsen.

„Ich habe früh erlebt, was es heißt, in dunklen Zeiten am Glauben festzuhalten, selbst wenn die Stürme nicht aufhören zu toben. Mein Wunsch ist es, in der Autorität Jesu Christi zu wachsen und die wahre Identität zu finden! Denn die Erde schreit nach reinem Licht und erkennt die Wahrheit nicht. Also sollten sich die Königskinder aus der Asche erheben und in Liebe dienen!“

Aus dem Verlagsprogramm

www.loewenstern-verlag.de

Torben Zahradnicky (Hrsg.)
Main Europa
Prämierte Beiträge des Wettbewerbs „Hanau schreibt ein Buch“

Kurzgeschichten über die Gegenwart und Zukunft der EU, Gedichte über Krieg und Frieden und das kulturelle Europa. Erfahrungsberichte von dem Traum „Europa“ nach dem zweiten Weltkrieg sowie nach einer Flucht.

ePUB-Ausgabe: 10,00 Euro
Print-Ausgabe: 15,00 Euro

Caroline Steiner
am Ende. beginnen –
auf dem Pilgerweg von Irún nach Santiago

Nach einem Schicksalsschlag begibt sich die Autorin auf ihren Weg in ein neues Leben. Nicht zuletzt ihre Bereitschaft, sich zu freuen und wieder zu lachen, machen dieses Buch zu einer ungewöhnlich spannenden und berührenden Lektüre.
ePUB-Ausgabe: 9,90 Euro
Print-Ausgabe: 19,99 Euro

Aus dem Verlagsprogramm

www.loewenstern-verlag.de

Hans Lipp

Jakobspilgerweg Wonnegau. Von Dittelsheim nach Worms

Genaue Karten der einzelnen Wegabschnitte, informative Texte zu Landschaft, Geschichte, Architektur, Menschen und Gemeinden der Region, Übernachtungsmöglichkeiten, Essen & Trinken, Pilgerpass mit genauer Beschreibung, wo Sie die Pilgerstempel finden können.

Print-Ausgabe 6,50 Euro

Hans Lipp

Jakobspilgerweg Zellertal. Von Worms nach Standenbühl

Genaue Karten der einzelnen Wegabschnitte und Alternativrouten. Informative Texte zu Landschaft, Geschichte, Architektur, Menschen und Gemeinden der Region. Ansprechende Panoramafotos, die Sie einladen, die Gegend persönlich zu erkunden. Historische Hintergrundberichte.

Apple iBooks: 5,49 Euro

Aus dem Verlagsprogramm

www.loewenstern-verlag.de

Dr. Peter Brinnel

TTIP & Co. –
Freihandel und Demokratie

Ist unsere Demokratie in Gefahr, ausgehöhlt zu werden? Wird unser Rechtssystem durch TTIP & Co. umgangen? Zahlt der Steuerzahler die Zeche für Schiedsgerichtsurteile? Was hat es mit der „Rechtsabtretungssteuer“ auf sich?

Apple iBooks: 8,99 Euro
Amazon Kindle: 7,04 Euro

Dr. Peter Brinnel

Geheime Begleiter der Freihandelsabkommen –
Investitionsschutz als Werkzeug zum Umverteilen von Geld und Schulden

Das Buch beschreibt die Entwicklung des Freihandels, zeigt die Wirkung von Investitionsschutz auf und erläutert die gesellschaftlich-politische Dimension der Abkommen.

Apple iBooks: 8,99 Euro
Amazon: 7,26 Euro

Aus dem Verlagsprogramm

www.loewenstern-verlag.de

ePUB-Ausgabe: 8,49 Euro
Print-Ausgabe: 15,00 Euro

Hans-Peter Schwenger /
Dr. Barbara Wieland
Frankfurter Bethmännchen – Genuss mit Tradition

Hier finden Sie das Ergebnis jahrelanger Erfahrung des Bäckermeisters Hans-Peter Schwenger mit der Herstellung von Bethmännchen und zeigt Ihnen die Version, die in Frankfurt am Main seit Jahrhunderten Tradition hat.
Übrigens: Wussten Sie, was die Alten Ägypter und Hildegard von Bingen mit unserem Weihnachtsgebäck zu tun haben?

Print-Ausgabe: 11,95 Euro
ePUB-Ausgabe: 4,99 Euro
Apple iBooks: 4,99 Euro

Raphaela Wettach /
Renate Wettach
Die Königin und die Spinne

Dieses Buch unterscheidet sich von „normalen" Kinderbüchern (für 4- bis 8-Jährige) dadurch, dass sich auch die Erwachsenen beim Vorlesen nicht langweilen. Dieses Buch hat das Potenzial, Ihr Lieblings-Vorlesebuch zu werden!

Aus dem Verlagsprogramm

www.loewenstern-verlag.de

Renate Wettach

Mobbing für Fortgeschrittene
Wie Sie Ihr Leben wieder in den Griff bekommen

Betroffene finden in diesem Buch Orientierung und Hilfestellung, damit sie nicht im Gefühlschaos versinken. Jeder kann es lernen, sich „am eigenen Schopf" aus dem „Sumpf" zu ziehen!

ePUB-Ausgabe: 12,00 Euro
Print-Ausgabe: 19,99 Euro

Markus Keßler

Luftschlösser ade,
willkommen in Ihrer
Traumgegenwart

Ein Buch aus der Praxis, das leicht verständlich die Geheimnisse eigener und fremder Kommunikationsmuster und Verhaltensweisen aufdeckt und entschlüsselt.

ePUB-Ausgabe: 7,90 Euro
Print-Ausgabe: 9,90 Euro